AF389759

CAMILE MAIA FERREIRA

FAZ OS TEUS SONHOS ACONTECEREM

FICHA TÉCNICA

Título original: Faz os Teus Sonhos Acontecerem

Autora: Camile Maia Ferreira

Copyright © Camile Maia Ferreira, 2023.

Revisão: Victória Rocha

Edição: The Eco Soul, S.L.

Projeto Gráfico e Diagramação: Camile Maia Ferreira

ISBN: 978-65-00-62183-9

1ª Edição, Fortaleza, fevereiro, 2023.

Dados Internacionais de Catalogação na Publicação (CIP)
(Câmara Brasileira do Livro, SP, Brasil)

```
Ferreira, Camile Maia
    Faz os teus sonhos acontecerem [livro eletrônico]/
Camile Maia Ferreira. -- 1. ed. -- Fortaleza, CE :
Ed. da Autora, 2023.
    PDF

    ISBN 978-65-00-62183-9

    1. Autoajuda - Técnicas 2. Autoconhecimento
3. Desenvolvimento pessoal 4. Desenvolvimento
profissional 5. Hábitos - Mudança 6. Metas
(Psicologia) 7. Sucesso profissional I. Título.

23-144865                                    CDD-158.1
```

Índices para catálogo sistemático:

1. Sonhos : Autoajuda : Psicologia aplicada   158.1

Henrique Ribeiro Soares - Bibliotecário - CRB-8/9314

Dedico este livro às pessoas que acreditaram nos meus sonhos e me ajudaram a realizá-los, especialmente ao meu pai, que me ensinou o valor da honestidade e da disciplina, à minha mãe, que me ensinou que a felicidade está dentro de nós, e ao meu marido Saúl, que com o seu amor, companheirismo e apoio incondicional me ajudou a realizar mais um dos meus sonhos.

SUMÁRIO

AGRADECIMENTOS

Agradeço a DEUS. Agradeço à minha amiga e mentora Renata Rezende pela sua amizade verdadeira e por ter me ajudado a traçar o caminho até onde eu queria chegar. Agradeço à minha cunhada, Roberta Queirós, que com os seus conhecimentos e experiência em Planejamento Estratégico, fez excelentes contributos para os capítulos 2 e 3 deste livro. Agradeço ao meu irmão, Sávio Maia Ferreira, pelas inúmeras revisões realizadas ao conteúdo deste livro. Agradeço aos meus familiares e amigos que participaram do grupo de leitores e me ajudaram a cumprir com o propósito deste livro.

INTRODUÇÃO

Se você...

Tem sonhos e projetos que deseja realizar, mas não sabe por onde começar...

Estabelece metas no início de cada ano, mas não sabe porque não consegue cumprir...

Deseja ter a liberdade de viver a vida à sua maneira e fazer o que você mais gosta...

Deseja alinhar os seus valores pessoais e viver uma vida com significado...

Então, este livro é para você!

Eu decidi escrever este livro porque também já estive no seu lugar. No ano de 2009, eu comecei a me questionar sobre qual era o sentido de trabalhar tanto para cumprir metas empresariais, quando eu não era capaz de cumprir com as minhas próprias metas pessoais.

Eu queria realizar mudanças na minha vida, mas não sabia muito bem por onde começar.

Estabelecia algumas metas em janeiro, mas quando chegava no mês de maio, já nem me lembrava do que eu havia prometido. Eu queria ter mais liberdade e tempo livre, descobrir o meu propósito e viver uma vida com mais significado, mas o tempo passava e eu nunca me dedicava a viver a vida dos meus sonhos.

Levava anos estudando e trabalhando numa constante espiral de "crescimento profissional", aceitando novos desafios que me levavam a um patamar cada vez mais alto na minha carreira. Porém, quanto mais eu crescia profissionalmente, mais eu decrescia pessoalmente e emocionalmente.

Durante um bom tempo, deixei em segundo plano muitas das coisas que eram importantes para mim e priorizei apenas a minha carreira profissional. Hoje eu sei que isso é insustentável. A área profissional é apenas uma parte da nossa vida e, por isso, não deve receber 100% da nossa atenção.

Infelizmente, naquela época, eu não sabia disso. Eu não era consciente do quão importante é cuidar de cada uma das áreas da nossa vida: familiar, conjugal, saúde, social, intelectual, profissional, financeira, emocional, espiritual e servir.

E como é importante ter sonhos e projetos também nessas áreas, pois elas são fundamentais para que uma pessoa seja feliz e saudável.

Devido a essa falta de consciência, eu me refugiava na minha área profissional, tentando ser a melhor em tudo o que fazia. Buscava ser uma "mulher exemplar" na minha carreira: batalhadora, forte, capaz, indolor... como uma heroína dos desenhos animados.

Até que, no ano de 2015, eu fui parar no hospital devido a uma crise de ansiedade. Me diagnosticaram um *"burnout"*, o que significa uma síndrome de esgotamento profissional. A partir daí, fiquei nove meses em tratamento por estresse, ansiedade e depressão.

"A depressão é um negócio que dá em quem vai muito depressa."

Millôr Fernandes

Mesmo depois de ter sido diagnosticada, eu não acreditava que aquilo estava acontecendo comigo.

Eu pensava:

- *"Depressão, eu? Mas como? Eu não tenho esse perfil!"*

Que ingenuidade achar que existe um perfil específico para a depressão. Que pena viver um ritmo de vida tão frenético a ponto de normalizar a insônia, a pressão no peito, as dores de cabeça, as palpitações cardíacas, o nervosismo e a tensão muscular que me fazia ranger os dentes enquanto dormia.

Convivi com esses sintomas por muito tempo, mas me negava a investigar o que estava errado. Afinal, todas as pessoas com as quais me relacionava no trabalho ou na vida pessoal falavam desses sintomas com muita normalidade.

Nem passava pela minha cabeça abrir mão do meu trabalho, da minha carreira e de tudo o que eu havia conquistado. Em vez de me preocupar pela minha saúde, estava mais preocupada com o que os outros pensariam de mim se eu contasse a angústia que estava vivendo nos últimos anos. Me chamariam de fraca? De incapaz? De pobrezinha? Eu não podia deixar que isso acontecesse!

Mas eu não tive escolha! Um dia aconteceu o inesperado. De repente, me vi em uma cama de um hospital em Madrid, com o corpo ainda a tremer e à espera de que o meu marido fosse me buscar porque não me deixavam sair sozinha.

Nesse momento, pensei:

- *Como pude chegar até aqui? O que foi que me aconteceu? O que eu fiz de errado?*

Me invadiu um profundo sentimento de culpa e de vergonha por estar naquela situação.

De repente, me veio a resposta, como se uma voz falasse ao meu ouvido: o que você fez de errado foi se desconectar dos seus sonhos, da sua essência e de quem você verdadeiramente é.

Isso me fez parar, avaliar a minha vida e as decisões que eu havia tomado nos últimos anos. Nenhuma delas estava me levando aonde eu realmente queria chegar. Nenhuma delas estava alinhada aos meus valores pessoais.

Foi então que tomei uma decisão: decidi liderar a minha vida assim como havia liderado equipes, projetos e as empresas de outras pessoas.

Decidi que a minha vida era a minha empresa e que eu teria que dirigi-la com o mesmo profissionalismo, empenho e rigor que fazia no mundo empresarial: traçando objetivos, metas e um plano de ação. Avaliando com frequência os resultados e ajustando os detalhes durante a jornada, sem perder de vista o meu objetivo principal.

E não é que funcionou!!! Hoje, eu posso dizer que vivo a vida dos meus sonhos e dedico tempo a cada uma das áreas da minha vida. Tenho saúde, uma linda família, amigos queridos, desfruto de liberdade e tempo livre para os meus hobbies, faço as minhas próprias escolhas profissionais e financeiras e sinto-me realizada pessoalmente e profissionalmente.

Claro que, para isso, tive que viver um processo. Nada acontece da noite para o dia. Foi necessário um grande esforço para me recuperar, ter clareza sobre o que era importante para mim, tomar as decisões adequadas e fazer o que tinha que ser feito.

No começo, eu tive medo e dúvidas, o que é natural. Mas depois percebi que a vida estava me dando uma segunda oportunidade. A oportunidade de escolher, de começar do zero, de me reconectar com a minha essência e com quem verdadeiramente sou. Só assim eu pude viver a vida que sempre desejei, a vida que nasci para viver!

Agora eu quero compartilhar os passos que eu dei para fazer os meus sonhos acontecerem e, desta forma, ajudar você a fazer os seus sonhos acontecerem.

Neste livro, eu trago cinco passos para que você possa voltar a sonhar, criar um plano de ação, definir metas e hábitos, identificar as suas fortalezas e os valores que o guiarão durante a sua jornada. Dessa maneira, você poderá alcançar a liberdade, a felicidade e a realização pessoal que você merece, de maneira sustentável.

E tem mais: você não precisa viver o que eu vivi nem esperar o próximo ano para começar a correr atrás dos seus sonhos. O seu ano novo ou vida nova pode começar hoje mesmo. Basta desejar e realizar!

Tenho a certeza de que este livro o ajudará a ter mais clareza e determinação. Espero e desejo que você não pare por aqui, mas que a leitura desta obra seja apenas o primeiro passo de um novo ciclo e de um maravilhoso caminho de realizações.

O meu objetivo é inspirar você a acreditar em si e realizar os seus sonhos!

Boa leitura e boa jornada!

PASSO 1

SONHAR

Você se atreve a sonhar?

Todos nós temos sonhos e projetos que queremos realizar, mas muitas vezes nos esquecemos deles ou não pensamos neles com a frequência que deveríamos. Algumas pessoas até pensam que sonhos são apenas sonhos e que jamais poderão vir a tornar-se realidade.

Eu acredito que os sonhos podem sim vir a tornar-se realidade. E, para que isso aconteça, precisamos ter absoluta clareza sobre o que desejamos ser, fazer ou ter.

Muitos de nós vivemos tanto tempo subordinados aos desejos e limites impostos pelos outros que já não sabemos quais são os nossos próprios sonhos.

Às vezes, somos desmotivados por amigos, familiares e companheiros de trabalho que dizem que não podemos ou não somos capazes de SER, FAZER OU TER o que desejamos.

O pior de tudo é que há pessoas que acreditam no que os outros dizem sobre elas e, talvez por isso, passaram a sentir dificuldade em decidir o que desejam para as suas próprias vidas.

Lembro-me de quando eu e o meu marido decidimos colocar em prática o nosso projeto dos sonhos, que consistia em criar um alojamento ecológico em um lugar junto ao mar. Nós fomos muito desencorajados por alguns dos nossos amigos. Eles riam do que dizíamos, nos chamavam de sonhadores e até faziam piada com o conceito ecológico que queríamos desenvolver.

Outros amigos, porém, nos encorajaram e vibraram com cada conquista. Esses amigos que acreditaram em nós foram muito importantes durante a nossa jornada e até hoje fazem parte das nossas vidas.

Imagine se nós tivéssemos dado ouvidos aos amigos que nos desencorajaram e tivéssemos desistido. Agora, eu não poderia estar contando essa história e encorajando você a fazer os seus sonhos acontecerem.

Eu sei que não é fácil manter-se firme e lutar pelos nossos sonhos. Muitas vezes, nos expomos a tantas críticas quando tentamos falar sobre o que nos apaixona, que muitos de nós terminamos por guardar os nossos sonhos no fundo de uma gaveta. Eles ficam ali, anos a fio, esquecidos, como um objeto velho e empoeirado.

Talvez devido a isso, uma das características que mais se repete nas pessoas com as quais trabalho e venho mentorando nos últimos anos é a falta de clareza inicial sobre os seus sonhos e objetivos pessoais.

Muitas vezes, na primeira sessão de mentoria, faço uma pergunta num tom mais descontraído:

- Se viesse Aladim com a sua lâmpada mágica e concedesse a você três desejos, quais seriam?

É curioso, mas poucas pessoas têm os seus desejos na ponta da língua. Elas precisam, primeiro, tirar a poeira da lâmpada e acreditar que aquela lâmpada mágica irá funcionar quando a tocarem.

Por isso, a maioria das pessoas pede tempo para pensar, se sente ansiosa e diz:

- "Ai, não sei. Sei lá! Não ter que trabalhar. Ficar milionário(a)."

É interessante ver como essa resposta se repete e também esta:

"Ter muito dinheiro para fazer o que eu quiser".

Então, eu digo:

- Ok, suponhamos que você já tivesse muito dinheiro. E agora? O que faria?

A resposta, geralmente, é:

Silêncio...

Afinal, para que você precisa ter muito dinheiro se não for para realizar os seus sonhos?

O que acontece é que, para realizar sonhos, é necessário ter clareza de que sonhos são esses. A falta de clareza sobre os seus próprios sonhos gera falta de clareza nas prioridades em relação ao que deve ser feito para chegar lá.

É por isso que a nossa jornada começa com um convite para que você volte a sonhar.

Sonhar é a luz que precisamos para nos tirar da escuridão. Ter um sonho é ter algo em que acreditar, algo pelo que lutar.

Saiba que, para que algo aconteça no plano físico, é necessário ter sido criado primeiramente no plano mental, ou seja, na imaginação. Visualizar ou sonhar ajuda-nos a ver as possibilidades de futuro e a fazer o que tem que ser feito para as coisas acontecerem.

Muitas vezes nos encontramos insatisfeitos em nossas vidas porque não nos permitimos sonhar. Evitamos visitar este espaço mágico da área de sonhos, onde tudo é possível. Preferimos dedicar a energia da imaginação em pensar no que poderia dar errado em vez de pensar no que poderia dar certo. Muitas vezes, preferimos continuar na nossa "zona de conforto."

Na maioria das vezes, essa "zona de conforto" não é tão confortável assim, mas como é a única realidade que conhecemos, preferimos não arriscar. O que acontece é que temos medo. Vivemos aterrorizados com histórias de fracassos. Por isso, temos medo de fracassar e medo de sermos criticados.

Quem nunca imaginou a voz de um familiar ou amigo dizendo:

- Eu te disse! Eu falei para você não se arriscar! Eu disse que você ia "quebrar a cara!"

Essas vozes nos atormentam dia e noite e, às vezes, podem nos paralisar. Mas se este livro foi parar nas suas mãos, é por alguma razão. Nada acontece por acaso. Talvez seja a hora de mudar a sua atitude e começar a acreditar mais em si.

E para começar essa mudança, é preciso iniciar pela sua forma de pensar. Pense em tudo o que pode vir a ser, em tudo o que é capaz de fazer, e em tudo o que poderia ter, conhecer, aprender e desfrutar fora da sua zona de conforto. Dê a si a oportunidade de tentar e de triunfar. Se eu consegui, por que você não conseguirá?

Pense em tudo de bom que a vida tem a oferecer-lhe. Inspire-se em histórias de sucesso e veja o que essas pessoas fizeram para alcançar os seus sonhos. Acredite em si e acredite que merece ser feliz. Faça a sua parte e deixe que o universo faça a dele. Acredite, o universo é generoso!

E então, você se atreve a sonhar?

Exercício 1. Quais são os seus sonhos? O que você mais deseja realizar na sua vida?

Escreva ou desenhe todos os seus sonhos, desde os mais grandiosos até os mais simples. Sonhe à vontade. Sonhe alto. Não imponha limites aos seus sonhos, nem pense em como fará. Simplesmente, sonhe! Projete a imagem na sua mente e escreva ou desenhe nas páginas seguintes a sua lista de sonhos.

Lista de Sonhos

Desenhe os seus sonhos

Lista de Sonhos

Desenhe os seus sonhos

Exercício 1.2. Escolha um dos seus sonhos. De preferência, um que possa ser realizado a curto prazo (1 a 2 anos). Descreva o sonho que escolheu com o máximo de detalhes.

Por exemplo, imaginemos que o meu sonho é morar em Paris. Esse sonho deve estar sempre presente em minha mente e com a maior clareza possível, para que assim eu possa saber quais são as minhas prioridades. Portanto, eu descreveria o meu sonho da seguinte maneira:

O meu sonho é morar em Paris. Gostaria de viver essa experiência acompanhada do meu marido e do meu filho. Quero que isso aconteça dentro dos próximos dois anos. O meu objetivo é conseguir um trabalho no departamento de marketing da matriz da minha empresa atual, que está em Paris. Quero receber um salário de XXXX ao mês, que me permita viver uma vida confortável e, durante a minha estadia, viajar com a minha família a vários países da Europa. Quando penso nisso, me sinto feliz e realizada.

Agora é a sua vez: Feche os olhos e traga o seu sonho à sua mente. Sinta-o. Apodere-se do seu sonho. Ele é seu e de mais ninguém. Viva-o com a maior riqueza de detalhes. Imagine-se realizando esse sonho. Viva a emoção e o sentimento de vê-lo realizado.

Depois, coloque-o no papel de forma escrita ou através de um desenho que simbolize este sonho. Esteja atento às emoções que vive durante a escrita ou desenho. Anote as emoções ao final do exercício. Se tiver mais de um sonho, repita o processo para cada um deles.

____

____

____

____

____

Espero que você tenha visitado a sua área de sonhos e desfrutado da experiência.

Agora, vamos começar a torná-los reais.

"Existem apenas duas maneiras de ver a vida: uma é pensar que não existem milagres e a outra é que tudo é um milagre."

Albert Einstein

PASSO 2

ORGANIZAR

Como construir um Plano de Ação

No caminho para a realização do nosso sonho, precisaremos definir alguns objetivos e, depois, traçar um plano de ação para que possamos registrar a nossa jornada e medir o nosso progresso. Por isso, não poderia deixar de citar a importância da organização, da responsabilidade e da disciplina.

Durante algum tempo, eu culpei as circunstâncias ou as pessoas pelas escolhas que eu havia feito na minha vida pessoal e profissional. Mas depois eu percebi que, de alguma forma, por ação ou por omissão, eu era a única responsável pelo que estava acontecendo na minha vida e, portanto, somente eu poderia mudar.

Para mudar, eu precisei trazer consciência e identificar os aspectos da minha vida que não estavam como eu desejava. Depois, precisei ter clareza sobre como queria que a minha vida fosse. A partir daí, tive que organizar as minhas ideias e projetos, responsabilizar-me pelas minhas decisões e ter disciplina para cumprir com as novas promessas que eu havia feito a mim mesma.

Quando tive clareza sobre o meu sonho, que se tornou o meu projeto de vida, tracei novos objetivos, criei um plano de ação, estabeleci pequenas metas e adotei uma agenda para ir monitorando os meus resultados.

Somente podemos avançar para realizar os nossos sonhos quando nos responsabilizamos pelas nossas ações e comportamentos. Dessa maneira, devemos organizar os nossos objetivos por ordem de prioridade para conseguir construir um plano de ação que nos levará ao destino desejado.

Com o seu sonho definido, você deverá realizar algumas tarefas para construir o seu plano de ação. A primeira tarefa é fazer algumas perguntas que o levem a identificar os objetivos que o conduzirão à realização do seu sonho.

Depois disso, você deverá detalhar como estes objetivos serão alcançados. Para isso, deverá completar os campos do Plano de Ação com as informações solicitadas.

"Seja como for, você é o único responsável pela vida que tem levado. Você está onde se colocou."

Paulo Vieira

Exemplo:

Sonho: Morar em Paris

Perguntas:

1. O que tem me impedido de alcançar esse sonho?
2. O que eu ainda não fiz e devo fazer para conseguir alcançar esse sonho?
3. Quais são as ações mais importantes que devo fazer agora para alcançar esse sonho?

Respostas:

1. Falar francês.
2. Conseguir um trabalho em Paris.
3. Falar francês, conseguir um trabalho em Paris e juntar recursos financeiros para a viagem.

As respostas serão os seus novos objetivos e deverão ser colocadas no quadro Plano de Ação, adicionando a data de realização e a primeira coisa (ação mais importante) que você deverá realizar para alcançar este objetivo.

Sonho:	Objetivo:	Data de realização:	Qual é a primeira coisa (ação mais importante) que devo fazer para alcançar este objetivo?
Morar em Paris	Falar francês	Até Junho de 2023	Matricular-me no curso de francês.
	Conseguir um trabalho em Paris	Até Janeiro de 2024	Informar-me sobre as vagas disponíveis e os requisitos para submeter a candidatura.
	Juntar recursos financeiros para a viagem	Até Janeiro de 2024	Elaborar um orçamento para a viagem e planejar a forma de conseguir esses recursos financeiros.

Agora é a sua vez! Vamos lá trabalhar pelos seus sonhos!

Exercício 2.1: Responda às perguntas que o ajudarão a identificar os objetivos que o levarão a alcançar o seu sonho. Em todo e qualquer exercício, comece sempre escrevendo o seu sonho. Nunca o perca de vista. Ele tem que estar claro na sua mente e visível aos seus olhos.

Escreva aqui o seu Sonho:

____

____

____

____

____

____

Perguntas:

O que tem impedido você de alcançar esse sonho?

____

____

____

____

____

____

O que você ainda não fez e deve fazer para alcançar esse sonho?

____

____

____

____

____

____

Quais são as ações mais importantes que você deve fazer agora para alcançar esse sonho?

____

____

____

____

____

____

Exercício 2.2: Utilize o quadro Plano de Ação para definir com precisão como os objetivos identificados no exercício anterior serão alcançados.

Sonho:	Objetivo:	Data de realização:	Qual é a primeira coisa (ação mais importante) que devo fazer para alcançar este objetivo?

Observações:

PASSO 3

METAS E HÁBITOS

Pavimentando o caminho para a realização

"É possível mudar a vida através da mudança de hábitos".

Aristóteles

O que você tem feito no seu dia a dia para alcançar os seus objetivos? Como é a sua rotina? As suas ações ou hábitos ajudam você a chegar lá ou as mesmas o impedem de realizar o que deseja? Você define metas e consegue cumpri-las?

Ações são tarefas pontuais que você terá que fazer para começar a caminhar ao encontro do seu objetivo. Hábitos são tarefas rotineiras que você terá que realizar para concluir uma ação. Por outro lado, as metas são as ações que podem ser medidas e que servem como indicadores de que você está avançando para alcançar os seus objetivos.

Vou explicar melhor:

Para conseguir chegar a um objetivo, devemos começar pelo primeiro passo, ou seja, pela ação mais importante. Logo, devemos definir pequenas metas e monitorar o seu cumprimento. O alcance dessas metas se realiza mediante a rotina estabelecida através dos novos hábitos. Esses hábitos podem ser monitorados através de uma agenda ou "checklist" diário ou semanal.

Pense no seu sonho, visualize-o todos os dias. Imagine como será quando tiver conseguido realizá-lo. Encha-se de inspiração e bons sentimentos. A seguir, dê aquele passo que o levará até lá. Nesta etapa, o importante é cumprir com a sua palavra e com a promessa que fez a si mesmo.

A maior parte das mudanças nas nossas vidas vem da mudança de hábitos. Por isso, se você ainda não conseguiu alcançar este objetivo tão desejado, como a mudança de trabalho ou a realização de um projeto pessoal, é porque você não criou hábitos que dessem suporte a essa meta.

O que nos leva a alcançar os nossos objetivos são as nossas ações e os nossos hábitos.

No livro Hábitos Atômicos, James Clear escreve sobre as três camadas da mudança de comportamento. São elas: mudar os nossos resultados, mudar o processo e mudar a nossa identidade a partir da consistência nos novos hábitos.

A definição de objetivos, como vimos no Passo 2, está na camada mais superficial que se refere à mudança de resultados, ou seja, ao que eu desejo OBTER.

Os hábitos estão no nível intermediário, que se refere à mudança de processos, ou seja, ao que eu preciso FAZER de maneira consistente para OBTER o que desejo.

A mudança de identidade é o nível mais profundo, pois fala do SER. A pergunta aqui é: quem eu preciso me tornar através dos novos hábitos para obter aquilo que desejo?

Os hábitos são os alicerces na construção da sua nova versão. A versão que você precisa construir para alcançar as suas metas, que levarão aos seus objetivos e que, por conseguinte, conduzirão à realização dos seus sonhos.

Por exemplo:

Sonho: Morar em Paris.

Objetivo: Falar francês.

Meta: Alcançar o nível intermediário de Francês em 6 meses, obtendo a nota 9/10.

Hábitos: Frequentar o curso de francês nas terças-feiras e quintas-feiras, das 19h às 20h30min; ler 10 páginas do livro de marketing em francês aos sábados, entre as 9h e as 10h; almoçar com colegas franceses da minha empresa pelo menos uma vez por semana, para praticar conversação.

Identidade: Ser fluente no idioma Francês.

Sonho:	Objetivo:	Data de realização:	Qual é a primeira coisa (ação mais importante) que devo fazer para alcançar este objetivo?	Metas	Hábitos
Morar em Paris	Falar francês	Até Junho de 2023	Matricular-me no curso de francês.	Alcançar o nível intermediário de Francês em 6 meses, obtendo a nota 9/10	Frequentar o curso de francês nas terças e quintas das 19h às 20h30min.
	Conseguir um trabalho em Paris	Até Janeiro de 2024	Informar-me sobre as vagas disponíveis e os requisitos para submeter a candidatura.		
	Juntar recursos financeiros para a viagem	Até Janeiro de 2024	Elaborar um orçamento para a viagem e planejar a forma de conseguir esses recursos financeiros.		

Reflexão

Se a pessoa que tem como sonho "Morar em Paris" fizer as perguntas corretas que a ajudem a identificar os objetivos e as ações mais importantes, já haverá percorrido um bom caminho para a realização dos seus sonhos.

Porém, se estabelecer metas e hábitos, conseguirá ir ainda mais rápido. Provavelmente, em menos de um ano, haverá melhorado significativamente a sua habilidade de se comunicar em francês, o que a levará a submeter a sua candidatura para a vaga no departamento de marketing da sua empresa na França.

Se, a parte disso, também houver lido livros de marketing em francês e praticado conversação com os colegas de trabalho, as suas chances de conquistar o seu sonho serão exponencialmente maiores que as de qualquer outra pessoa que apenas aprendeu a falar francês.

Se depois disso, essa pessoa identificar os seus hábitos prejudiciais, aqueles que a impedem de chegar aonde deseja, então poderá tomar medidas para eliminá-los e substituí-los por novos hábitos mais saudáveis.

A procrastinação é um hábito comum que afasta as pessoas dos seus sonhos. Por exemplo, prometer começar o curso de francês apenas no próximo ano, ou comprar uma roupa de que ela não precisa, em vez de poupar para a sua viagem, são algumas das formas de sabotar os seus sonhos.

Se quisermos realizar os nossos sonhos, devemos ser honestos e respeitarmos a nós mesmos. Jamais passaria pela nossa cabeça, deixar de cumprir um compromisso ou uma promessa importante feita aos nossos pais ou ao nosso melhor amigo, não é verdade?

Então, por que razão não cumprir as promessas importantes que fazemos a nós mesmos? Por acaso, não somos tão importantes ou merecedores de respeito? O nosso sonho não deveria ser a coisa mais importante para nós?

Respeitar a nossa palavra, criar hábitos que nos ajudem a alcançar as nossas metas e cumprir com o compromisso de implementá-los é fundamental. Implemente um hábito de cada vez e, quando este já estiver consolidado, implemente outro. E assim sucessivamente.

Exercício 3.1: Identifique os hábitos que são prejudiciais ou que o afastem dos seus objetivos e troque por hábitos que o ajudem a alcançar os seus objetivos.

Quais são os hábitos que tem impedido você de alcançar as suas metas e objetivos?

____

____

____

____

____

____

____

____

Quais são os hábitos que ajudarão você a conquistar as suas metas e objetivos?

____

____

____

____

____

____

____

____

Exercício 3.2: Preencha o quadro Plano de Ação incluindo as suas metas e hábitos.

Sonho:	Objetivo:	Data de realização:	Qual é a primeira coisa (ação mais importante) que devo fazer para alcançar este objetivo?	Metas	Hábitos

PASSO 4

AUTOCONHECIMENTO

A chave para a felicidade

"Conhece-te a ti mesmo e conhecerás o universo e os deuses."

Sócrates

A felicidade, a realização pessoal e a paz interior que buscamos ao perseguir os nossos sonhos acontecem por meio das escolhas que fazemos do que é virtuoso, moralmente correto e verdadeiro para nós mesmos.

A sensação de plenitude vem por meio da integridade e do sentimento de estar cumprindo um propósito. Você é capaz de identificar, através dos seus sentimentos e emoções, quando o seu sonho e o seu propósito estão alinhados.

A paixão e a automotivação surgem quando finalmente identificamos o que é o sucesso para nós. Cada um de nós tem uma ideia muito diferente do que é ser bem-sucedido na vida.

Maria da Glória Ribeiro, psicóloga, especialista em liderança e gestão de carreira, refere no seu livro, *Eu Sou o meu maior Projeto*, que o sucesso é o ato de atingir a felicidade. A nossa própria felicidade, individual, autêntica, única, porque cada um de nós é diferenciado.

Por isso, o trabalho de autoconhecimento é fundamental na hora de estabelecer as metas que levarão você a conquistar os seus objetivos e, consequentemente, a realizar os seus sonhos. Conhecer-se a si mesmo é o princípio de qualquer mudança.

Quando eu mergulhei no mundo do autoconhecimento, percebi que durante muito tempo corri atrás do que haviam me ensinado que era sucesso, mas não o que eu verdadeiramente considerava sucesso. A família, a sociedade, as crenças e costumes podem confundir-nos e levar-nos a seguir um "padrão estabelecido de sucesso".

O padrão que, geralmente, somos levados a seguir na sociedade ocidental é: terminar o ensino médio, escolher uma profissão aos 17 anos, entrar para a faculdade aos 18 anos, conseguir um trabalho fixo em uma empresa sólida e subir na hierarquia organizacional até chegar no lugar mais alto que os nossos conhecimentos nos permitam.

Para termos melhores oportunidades, devemos falar pelo menos um ou dois idiomas adicionais, fazer pós-graduação, mestrado, doutorado e continuar nos formando para crescer na área profissional. Tudo isso se refere ao nosso FAZER.

A promessa implícita da sociedade é que, se fizermos esse caminho, a recompensa será TER algumas coisas materiais e não materiais muito valorizadas no meio social no qual nascemos e crescemos.

Por exemplo, ter uma casa própria, ter um bom carro, passar férias em lugares exóticos, comprar bens de consumo e viver de maneira confortável. Por outro lado, seguindo esse percurso, conseguiremos também coisas não materiais, como o reconhecimento, status social e admiração de amigos, familiares etc.

Na adolescência, muitas vezes me questionei e também questionei aos meus pais, dizendo:

- E se, para mim, ter sucesso for viver perto da natureza, fazer esporte, dedicar-me à música, ao estudo dos astros, à pintura ou à expressão artística?

Então, eu ouvia:

- "Ui, isso não! Fazendo isso você vai morrer de fome! Escolha outra coisa! Algo com saída no mercado."

Espero que você, leitor, não tenha feito o mesmo que eu fiz, mas temo que muitos de nós caímos no mesmo erro do qual já falamos no Passo 1: o medo de fracassar e sermos criticados.

No meu caso, eu abri mão do meu sonho muito cedo e escolhi outra coisa. Fiz a licenciatura em Turismo e uma Pós-graduação em Gestão de Pessoas. Fui estudar um MBA na Espanha, e continuei a fazer o percurso de sucesso estabelecido pela sociedade na qual vivia.

Consegui um trabalho em uma multinacional e fui crescendo profissionalmente. Mudava de empresa cada vez que havia uma oferta econômica melhor em cima da mesa. Passei de Responsável Comercial a Gerente de Contas, de Gerente de Contas a Diretora Comercial, até chegar a Gerente de Unidade de Negócio, com uma equipe de mais de 100 pessoas sob minha liderança e um faturamento de alguns milhões de euros.

Nesse percurso, comprei um carro, logo um apartamento, depois um carro maior, comecei a viajar a lugares exóticos e adquiri um agradável poder de compra. Podia comprar artigos de marca e frequentar lugares exclusivos.

Porém, depois de fazer o "caminho correto", aquele que me disseram que me faria ser "bem-sucedida", eu me encontrava completamente infeliz, insatisfeita e com um grave problema de saúde.

Isso não quer dizer que me arrependa do que estudei ou das empresas em que trabalhei. Pelo contrário. Estou muito grata por tudo o que vivi, porque graças a essa experiência pude desenvolver competências que me levaram até onde estou hoje. O que quero dizer é que, muitas vezes, desde muito novos, já damos sinais sobre qual é a nossa vocação. Pela nossa maneira de ser, damos muitas pistas sobre o que realmente nos faz felizes, mas não somos ensinados a ouvir o nosso "eu interior" e a valorizar as nossas fortalezas e virtudes.

Por que será que, quando somos crianças, ninguém nos pergunta o que é a felicidade (ou o sucesso) para nós mesmos, antes de perguntar o que vamos ser quando crescer?

A pergunta "O que você quer ser quando crescer?" está realmente levando você a dizer o que você vai FAZER quando crescer! Apesar de parecer que é a mesma coisa, tem uma enorme diferença.

Se hoje, sabendo o que eu sei, alguém fizesse as seguintes perguntas à criança que um dia eu fui, as respostas seriam provavelmente estas:

1. O que você quer ser quando crescer?

Quando eu crescer, quero ser uma pessoa saudável, feliz, criativa, honesta, inteligente, próspera, generosa, empática etc.

2. O que você quer fazer quando crescer?

Quando eu crescer, o que quero fazer é ajudar pessoas a acreditarem em si e a realizarem os seus sonhos. Quero estudar belas artes e psicologia. Quero criar uma empresa sustentável e um projeto social. Quero tocar violão, surfar, pintar, viajar, ler muito e escrever um livro.

3. O que você quer ter quando crescer?

Quando eu crescer, o que quero ter é saúde, paz de espírito, o amor dos meus pais, irmãos e familiares, uma pessoa boa e honesta para compartilhar a vida comigo, amigos verdadeiros, um trabalho com propósito, tempo livre para desfrutar da vida, um cachorro e uma casa em frente ao mar.

Aqui está! Esses são os meus sonhos! Isso é o que eu entendo como ter sucesso na vida ou ser feliz.

Talvez sucesso para você seja apenas ter saúde e boa disposição para viver, experimentar, desfrutar e se expressar à sua maneira.

Talvez sucesso para você seja ajudar os outros através dos seus dons e talentos, ser íntegro, honesto e viver com tranquilidade e simplicidade.

Talvez sucesso para você seja estar no meio dos acontecimentos, onde tudo se decide, onde você vive ativamente as mudanças do mundo e se realiza tendo um papel decisor e influente.

Você pode achar que sucesso é ser reconhecido na sua profissão, receber um grande aumento salarial e poder comprar muitos bens materiais para proporcionar conforto à sua família.

O sucesso para você pode ser se superar a cada dia, investigar, explorar o mundo, descobrir, inventar, viajar etc.

Aqui não tem certo nem errado. Cada um tem a sua própria ideia de sucesso, mas o importante é saber qual é a sua!

Para começar a descobrir o que é sucesso para você, faça os exercícios a seguir conforme indicado.

Exercício 4.1. Procure um lugar tranquilo e agradável onde ninguém o incomode. Feche os olhos e leve a sua imaginação à criança que um dia foi. Imagine que tem por volta dos cinco anos de idade e está brincando com o que você mais gostava de brincar. Você está sozinho no seu quarto, na praia ou no campo. Onde a sua imaginação o levar. Imagine como estava feliz brincando. Reviva esse momento. De repente, uma pessoa bondosa e na qual você confia se aproxima lentamente e fica observando a cena com um olhar de ternura. Ela aproxima-se de você, olha nos seus olhos e pergunta:

1. [o seu nome], o que você quer SER quando crescer? Comece a frase escrevendo:

"Quando eu crescer, quero ser uma pessoa..."

____

____

____

____

2. [o seu nome], o que você quer FAZER quando crescer? Comece a frase escrevendo:

"Quando eu crescer, o que quero fazer é..."

____

____

____

____

3. [o seu nome], o que você quer TER quando crescer? Comece a frase escrevendo:

"Quando eu crescer, o que quero ter é..."

____

____

____

____

E então, conseguiu reconectar com a sua criança? Conseguiu ter uma ideia ou recordar o que era sucesso para você? Como você se sente agora?

____

____

____

____

Considerando que você se reconectou com a sua verdadeira ideia de sucesso, aquela que você tinha antes de haver sido induzido pelo "sonho da sociedade", veja se ela tem alguma relação com o seu sonho atual (aquele que você escolheu trabalhar nas páginas deste livro). Responda: esse é verdadeiramente o sonho que o levará ao seu sucesso e à sua felicidade pessoal?

Seja qual for a sua resposta, você sempre poderá revisar os seus sonhos através desse exercício, para ver se os sonhos que você tem hoje são verdadeiramente seus e irão fazê-lo feliz!

Depois de responder ao exercício, traga o seu sonho à sua mente e volte a escrevê-lo aqui:

____

____

____

____

Exercício 4.2: Em um exercício sincero, honesto e verdadeiro de autoconhecimento, busque dentro de si características pessoais, motivações e fortalezas que o levarão a realizar o seu sonho. Concentre-se nos seus pontos fortes. Busque ser generoso consigo mesmo. Encontre todas as suas qualidades e tudo o que as suas pessoas queridas dizem sobre você.

Escreva aqui as suas dez principais qualidades pessoais.

____

____

____

____

____

____

____

____

Escreva aqui as suas cinco maiores realizações pessoais e profissionais.

____

____

____

____

____

Associe as suas maiores realizações às qualidades pessoais que o ajudaram a chegar lá.

____

____

____

____

____

Que conclusões você tira desse exercício?

____

____

Reflexão

Se você tiver feito esse passo realizando todos os exercícios, haverá percebido que as ferramentas mais importantes para construir a sua nova versão e realizar os seus sonhos estão dentro de si. Elas já foram utilizadas por você em alguns ou vários momentos da sua vida.

A criança que você um dia foi, responderá a muitas das suas dúvidas sobre o que verdadeiramente o faz feliz e quais são os sonhos que valem a pena você lutar para alcançar.

Todo sonho tem um preço que devemos pagar, mas se este sonho estiver alinhado com o SER, FAZER e TER que você considera sucesso, então valerá a pena pagar o preço.

As suas características pessoais são as suas fortalezas e se relacionam com os dons que você recebeu naturalmente desde que nasceu.

Às vezes, esquecemos das nossas qualidades e fortalezas e, por isso, nos colocamos no papel de vítimas, como se nada pudéssemos fazer para mudar a nossa situação.

Quando trazemos consciência para quem somos e para todas as nossas qualidades, habilidades e capacidades, nos sentimos mais fortes e confiantes para enfrentar os desafios e lutar pelos nossos sonhos.

É por isso que o autoconhecimento é a chave para a felicidade, pois ele nos liberta das amarras do vitimismo e nos coloca na posição de uma pessoa realizadora e vencedora.

Exercício 4.3: Se quiser um resultado ainda mais potente neste passo, recomendo-lhe escrever um e-mail a cinco ou dez pessoas, que podem ser os seus amigos, companheiros de trabalho, familiares etc. Pergunte-lhes quais são as três características que mais se destacam em você e quais são as qualidades que eles mais admiram em você.

Verá o quanto esse exercício será inspirador e trará muita autoconfiança para seguir rumo à realização dos seus sonhos.

Escreva aqui as características citadas pelos seus amigos, companheiros de trabalho e familiares.

____

____

____

____

____

____

____

____

____

____

____

"Saber o que você prefere, em vez de humildemente dizer amém ao que o mundo lhe impõe como preferência, é manter a sua alma viva."

Robert Louis Stevenson

PASSO 5

VALORES PESSOAIS

O motor para o seu sucesso

Saber o que é importante para você, o que o motiva na vida, quais são os seus princípios e os seus valores pessoais, o ajudará a perseverar na conquista dos seus sonhos.

Muitas vezes, estabelecemos objetivos e metas sem refletir se eles estão alinhados aos nossos valores pessoais. Por isso, eles nunca chegam a realizar-se e nós mesmos os sabotamos sem sequer percebermos.

A expressão "alinhar valores pessoais" significa identificar a ordem de prioridade que cada valor tem na nossa vida e dedicar o tempo e a atenção necessária a cada um, de acordo com a sua importância.

Enquanto você dedicar tempo e esforço para realizar ações individuais ou para desenvolver tarefas com pessoas que não estão alinhadas aos seus valores pessoais, você se sentirá angustiado e frustrado. Mesmo que consiga alcançar aquele objetivo ou meta, o caminho será doloroso e haverá vontade de desistir.

Na minha jornada e na jornada das pessoas que venho mentorando nos últimos anos, fez uma grande diferença identificar os valores pessoais e alinhar os objetivos e metas a esses valores. Ao fazer isso, a jornada torna-se tão prazerosa quanto a chegada ao destino.

Os valores são os nossos princípios e crenças. Servem como um guia para o comportamento individual e condicionam a nossa atitude frente às diferentes situações. Eles são os melhores conselheiros para a tomada de decisão e o motor para o cumprimento das nossas metas.

Milton Rokeach, psicólogo social, professor na Michigan State University além de outras prestigiosas universidades americanas, dedicou os seus últimos anos de vida à investigação sobre os valores humanos. Rokeach listou os valores humanos em **terminais** e **instrumentais**.

Os **valores terminais** são aqueles que refletem os objetivos que gostaríamos de ver atingidos ao longo da vida.

Os **valores instrumentais** são aqueles que refletem os comportamentos e formas de interagir e tratar os outros ou os meios para atingir os nossos objetivos na vida.

VALORES TERMINAIS

Uma vida próspera (confortável)

Uma vida emocionante (ativa, estimulante)

Um sentido de realização (principal contribuição)

Um mundo em paz (livre de guerras e conflitos)

Um mundo de beleza (na natureza e nas artes)

Igualdade (oportunidades iguais para todos)

Segurança familiar (cuidar dos seres amados)

Liberdade (independência, liberdade de escolha)

Felicidade (contentamento)

Harmonia interior (ausência de conflito interior)

Amor maduro (intimidade espiritual e sexual)

Segurança nacional (proteção contra ataques)

Prazer (uma vida com alegria e lazer)

Salvação (salvaguarda, vida eterna)

Respeito próprio (autoestima)

Reconhecimento social (respeito, admiração)

Amizade verdadeira (forte companheirismo)

Sabedoria (compreensão madura da vida)

VALORES INSTRUMENTAIS

Ambição (dedicação ao trabalho, vontade)

Visão ampla (cabeça aberta)

Capacidade (competência, eficácia)

Alegria (contentamento, boa disposição)

Limpeza (asseio, arrumação)

Coragem (defesa dos seus ideais)

Perdão (capacidade de perdoar os outros)

Ser prestativo (trabalhar para o bem dos outros)

Honestidade (sinceridade, ser verdadeiro)

Imaginação (ousadia, criatividade)

Independência (autoconfiança, autossuficiência)

Intelectualidade (inteligência, capacidade de reflexão)

Lógica (coerência, racionalidade)

Afetividade (carinho, ternura)

Obediência (ser respeitável, cumpridor dos deveres)

Polidez (cortesia, boas maneiras)

Responsabilidade (compromisso, ser confiável)

Autocontrole (limites, autodisciplina)

A história de Maria

Imaginemos que Maria é uma amiga nossa que tem como valor terminal a harmonia interior (ausência de conflito interior) e como valores instrumentais a honestidade, a responsabilidade e a disciplina. Suponhamos que Maria começa a trabalhar na área comercial de uma empresa.

No início do ano, junto ao seu Diretor Comercial, estabelecem a sua meta de vendas anual, a qual, se cumprida, a levará a conseguir um excelente bônus que a permitirá realizar um dos seus sonhos: viajar a Bali para fazer um retiro de meditação e yoga. Maria está contente e muito motivada com o novo trabalho e com a possibilidade de ganhar o bônus para realizar aquela viagem tão sonhada.

Ao fazer a primeira visita com o Diretor Comercial, Maria percebe que o seu superior se compromete a entregar uma mercadoria em um prazo que não será possível cumprir.

Ela tenta intervir para retificar a data de entrega, mas o Diretor Comercial pisca um olho e faz um gesto de que ele se responsabiliza. Intrigada com aquela atitude, Maria confronta-o ao sair do cliente sobre como fará para entregar aquela encomenda. O chefe, com gesto de esperteza, diz-lhe que o importante é falar ao cliente o que ele quer ouvir para fechar a venda.

Maria, que tem o valor honestidade muito alto, sente-se decepcionada e é provável que perca a motivação e o interesse em cumprir as suas metas comerciais, se para isso tiver que mentir aos seus clientes. Ela até poderá continuar na empresa e tentar cumprir a sua meta de maneira honesta, informando corretamente sobre os prazos de entrega, mas saber que o seu chefe direto é uma pessoa desonesta ou que a cultura organizacional está baseada na esperteza e desonestidade fará com que ela se desmotive.

Por mais que ela goste do trabalho, esse conflito de valores poderá levá-la paulatinamente ao desinteresse pelos seus objetivos iniciais e terminará por fazê-la desistir de realizar o seu sonho.

***

A história de João

Outro exemplo muito comum é o do João, um executivo do setor de telecomunicações que trabalha mais de 12 horas por dia para dar conforto à sua família. Vamos supor que os seus valores terminais sejam: uma vida confortável (próspera), a segurança familiar (cuidar dos seres amados) e o reconhecimento social (respeito e admiração).

Os seus valores instrumentais podem ser a ambição (dedicação ao trabalho, vontade de realizar), afetividade (carinho e ternura), polidez (cortesia e boas maneiras), responsabilidade (compromisso, ser confiável).

Para conseguir proporcionar uma vida cômoda à sua família, João terá que passar muitas horas longe de casa e, portanto, prescindir do convívio familiar, que para ele é muito importante.

Como um dos seus valores terminais é o reconhecimento, ele espera que o seu esforço em dar à sua família uma vida abundante em bens materiais seja reconhecido pela esposa e pelos filhos. Porém, a sua família estaria mais feliz se ele estivesse mais presente nas suas vidas, mesmo que para isso tivessem que viver de forma mais simples, sem tanto luxo e conforto. Por essa razão, os seus familiares não reconhecem o seu esforço como algo positivo e, inclusive, o criticam pela sua ausência em datas importantes.

Sempre que João volta à casa de uma viagem ou de um longo dia de trabalho, recebe reclamações e críticas da sua esposa pela sua ausência, assim como a indiferença dos seus filhos.

Esse executivo começará a viver um conflito de valores. Ele está em sacrifício, abdicando de algo que gosta (estar com a família) para proporcionar-lhes algo que ele considera importante (uma vida confortável), mas que o seu cônjuge e filhos não consideram tão importante quanto o tempo de qualidade com ele. Isso poderá gerar um conflito de valores inconsciente.

Como ele não tem consciência e, portanto, não sabe como resolver, poderão aparecer sintomas de estresse e ansiedade no seu comportamento. Ele apresentará nervosismo, irritabilidade e impaciência. Além de tensão muscular, insônia e outros sintomas.

Se não diminuir o ritmo de trabalho e equilibrar com momentos de qualidade com a sua família, esses sintomas poderão agravar-se até converter-se em um quadro de estresse, ansiedade e/ou depressão.

***

Portanto, quando você for traçar metas, estabelecer parcerias para um projeto comum ou submeter uma candidatura a um novo trabalho, verifique se a meta, as pessoas e/ou a organização estão alinhadas aos seus valores pessoais.

Você não poderá mudar os valores das outras pessoas ou organizações, mas poderá escolher viver de acordo com os seus próprios valores pessoais.

Viver de acordo com os seus valores trará felicidade, paz interior e confiança em si mesmo para decidir com liberdade o caminho que deseja seguir para realizar os seus sonhos.

Exercício 5.1: Em um exercício de profunda conexão consigo mesmo e com o que é verdadeiramente importante para si, busque identificar os seus valores terminais e instrumentais conforme segue:

Identifique três a cinco dos seus valores terminais, aqueles que você gostaria de alcançar ao longo da sua vida. Coloque-os por ordem de prioridade.

____

____

____

____

____

Identifique três a cinco dos seus valores instrumentais, aqueles que você não abre mão nas suas relações interpessoais e que você aprecia nas pessoas com as quais convive. Coloque-os por ordem de prioridade.

____

____

____

____

____

Reflita e responda:

Você tem vivido de forma alinhada aos seus valores pessoais?

____

____

____

____

As suas decisões mais recentes estão alinhadas aos seus valores
pessoais?

____

____

____

____

____

Que conclusões você tira desse exercício?

____

____

____

____

Nota

Na formação em Autoliderança, `Uhane Leadership Programme, assim como nos programas de mentoria e coaching que ministro, costumo trabalhar profundamente o alinhamento de valores, a visão e a missão de cada participante.

Considero fundamental esse alinhamento de valores, visão e missão para proporcionar uma vida mais feliz e sustentável às pessoas que estou assessorando.

Se você tiver interesse em conhecer mais sobre os programas que desenvolvo e ministro, poderá acessar o website **www.camilemaia.com** ou enviar um e-mail a camile.maia@gmail.com

CONCLUSÃO

"Sonho que se sonha sozinho é apenas um sonho, sonho que se sonha junto é realidade."

Yoko Ono

Bem, agora que você percorreu os cinco passos deste livro e fez todos os exercícios, já se colocou em posição de largada para correr atrás dos seus sonhos.

O que eu recomendo a partir desse momento é que você esteja alerta e consciente para evitar cometer alguns erros que as pessoas habitualmente cometem:

1. Fazer tudo muito rápido e viver sem ter vivido.
2. Não parar para interiorizar os ganhos e desfrutar das conquistas.
3. Deixar pessoas importantes pelo caminho com o objetivo de chegar mais rápido.

Durante a sua jornada, eu o aconselho a desfrutar do caminho, fazer as coisas ao seu ritmo e de maneira sustentável. A sua vida não precisa ser uma maratona na qual você tem que chegar ao objetivo no menor tempo possível.

Se eu tivesse que comparar esta jornada de autoconhecimento e superação a uma atividade física, seria mais parecido com escalar uma montanha ou surfar uma onda, atividades nas quais precisamos de concentração, resistência, paciência, persistência e resiliência.

Portanto, considero fundamental parar de vez em quando, respirar fundo e analisar todos os ganhos que você teve até aqui. Anote-os em um papel ou post-it e guarde-os em um lugar visível, pode ser um quadro de cortiça ou dentro de um recipiente de vidro. O importante é que você veja que está alcançando pequenas metas e que quando aquele quadro ou recipiente estiver cheio, haverá alcançado o seu objetivo.

As pausas e os momentos de reflexão servem para ajustar a rota, perceber se você continua alinhado aos seus valores pessoais e celebrar cada pequena vitória com as pessoas que são importantes para você.

Lembre-se de que, na realização dos seus sonhos, você deve levar em conta todas as áreas da sua vida. De nada vale alcançar um objetivo profissional abdicando de tempo de qualidade com a sua família. De nada vale alcançar um objetivo financeiro e perder amigos verdadeiros pelo caminho ou a sua saúde física e mental.

Comemore as suas conquistas semanais e mantenha o contato com as suas **"pessoas vitaminas"** - expressão da psiquiatra e escritora Marian Rojas Estapé, no seu livro *Encontre a sua pessoa vitamina*, que se refere àquelas pessoas que o apoiam, que o inspiram e, dessa maneira, melhoram o seu sistema imune.

Esteja próximo de pessoas que o ajudem a manter-se focado no caminho que escolheu. Pessoas que estarão consigo para o motivar a não desistir dos seus sonhos, para enxugar as suas lágrimas nos momentos mais difíceis, para o orientar quando estiver perdido ou saindo do caminho traçado e, sobretudo, para aplaudir as suas vitórias e o abraçar quando cruzar a linha de chegada.

O mais importante quando realizamos os nossos sonhos é ter com quem celebrar! Por isso, cuide e priorize sempre as pessoas e reveja constantemente as suas metas.

Se esse sonho é seu e você está pagando o preço, ele há de chegar. Seja paciente, resiliente, perseverante e acredite!

"Se permanecerdes em Mim e as Minhas palavras permanecerem em vós, pedi o que quiserdes, e ser-vos-á concedido."

João 15, 7.

NOTA FINAL

SERVIR

Ajude as pessoas a realizarem os seus sonhos

O objetivo de escrever este livro foi inspirar você a acreditar em si e a realizar os seus sonhos pessoais e profissionais. Espero que tenha gostado e que este seja o primeiro passo na sua jornada rumo à sua felicidade e à sua realização pessoal.

Parte deste livro é oferecido gratuitamente às pessoas que estão inscritas na minha newsletter. Caso tenha recebido este material por e-mail, impresso, através de um amigo(a) ou qualquer outra fonte, convido-o a conhecer um pouco mais do meu trabalho no Linkedin, no website: www.camilemaia.com, ou no Instagram @camilemaia

Nestes canais, você encontrará mais iniciativas relacionadas à autoliderança e a liderança positiva e sustentável que têm por objetivo proporcionar às pessoas uma vida com mais significado, feliz e sustentável.

Se tiver adquirido este livro, quero que saiba que 100% do valor recebido pela autora por esta publicação é destinado à doação a projetos sociais. Portanto, com a compra deste livro, você está ajudando pessoas em risco de exclusão social a voltarem a sonhar.

Faça também a sua parte, compartilhe ou presenteie com este livro mais pessoas que desejam fazer os seus sonhos acontecerem.

Obrigada!

SOBRE A AUTORA

Olá, eu sou Camile Maia!

Eu acredito que todos merecemos uma vida feliz e sustentável, realizando um trabalho com propósito e alinhado aos nossos valores pessoais. Em tudo o que eu faço, busco inspirar pessoas a acreditarem em si e a realizarem os seus sonhos.

No ano de 2016, deixei para trás mais de 15 anos de experiência em cargos de liderança em empresas multinacionais no Brasil, Espanha e Portugal para realizar o meu sonho: criar um negócio sustentável, alinhado aos meus valores pessoais e que me proporciona liberdade, felicidade e realização pessoal.

Para além de co-fundadora e proprietária da Eco Soul Ericeira Guesthouse, um alojamento turístico sustentável na Ericeira – Portugal, sou CEO da The Eco Soul, S.L., empresa de consultoria, formação e eventos para a Autoliderança, Liderança Positiva e Sustentável. A minha empresa, com apenas 7 anos de vida, foi reconhecida com seis prêmios internacionais de sustentabilidade - Green Key - e com oito prêmios de excelência na qualidade do serviço emitidos pela Trip Advisor e Booking.com.

No ano de 2022, recebemos o certificado Biosphere Sustainable Lifestyle por haver cumprido com os 17 Objetivos de Desenvolvimento Sustentável da Agenda 2030 das Nações Unidas (ONU) e fomos convidados pelo Turismo de Portugal a integrar o Programa Empresas Turismo 360º, que visa implementar os fatores ESG nas empresas do Turismo.

Nos últimos dois anos, formei mais de 300 pessoas nas áreas de sustentabilidade econômica, social e ambiental e mentorei, de maneira individual, mais de 20 empreendedores, ajudando na sua transição de carreira ou na criação do seu negócio.

Isso me faz ter a convicção de que vale a pena acreditar nos nossos sonhos e fazê-los acontecer!

Sou licenciada em Turismo pela UNIFOR, Pós-graduada em Gestão de Pessoas pela FIA-USP, Pós-graduada em Psicologia Positiva, Ciência do Bem-estar e da Autorrealização pela PUC-RS. Formação Executiva em Liderança e Gestão de Pessoas pela Nova SBE Lisboa e Formação Internacional em Coaching pela Florida Christian University e Febracis. Frequentei o MBA no Instituto de Empresa em Madrid e o Mestrado Acadêmico em Restauração de Ecossistemas pela Universidade de Alcalá de Henares em Madrid.

No ano de 2015, criei e dinamizei o 'Uhane Leadership Programme, uma formação em Autoliderança que utiliza as analogias entre surfistas e líderes com o objetivo de encorajar pessoas a liderarem as suas vidas e realizarem os seus sonhos. A primeira edição realizou-se em San Vicente de la Barqueira - Espanha.

Já no ano de 2022, criei e dinamizei um Programa de Mentoria em Criação de Negócios Sustentáveis para Mulheres Empreendedoras, que visa fomentar o empreendedorismo feminino, contribuindo com o ODS 5 - Alcançar a Igualdade de Gênero. Neste mesmo ano, realizei o primeiro 'Uhane Leadership Programme na Ericeira - Portugal.

No ano de 2023, a minha empresa, The Eco Soul, obteve o reconhecimento público do Turismo de Portugal por estar entre as 24 primeiras empresas do setor do Turismo a reportar o seu desempenho ESG (Environmental, Social and Governance).

Neste mesmo ano, realizei mais um dos meus sonhos: publiquei o meu primeiro livro, "Faz os Teus Sonhos Acontecerem", que foi traduzido ao inglês com o título "How to Achieve your Goals" e ao espanhol com o título "Haz tus sueños realidad", e que tem por objetivo ajudar pessoas a se conectarem com os seus sonhos e a traçarem um plano de ação que as permita conquistarem a liberdade, felicidade e a realização pessoal que elas desejam e merecem.

LEITURAS VISITADAS

DUHIGG, Charles. **O poder do hábito:** por que fazemos o que fazemos na vida e nos negócios. 1 ed. Rio de Janeiro: Objetiva, 2012.

ESTAPÉ, Marian Rojas. **Encontre a sua pessoa vitamina.** Lisboa: Grupo Planeta, 2021.

PAPASAN, Jay; KELLER, Gary. **A única coisa:** o foco pode trazer resultados extraordinários para a sua vida. São Paulo: Novo Século, 2014.

RIBEIRO, Maria da Glória. **Eu sou o meu maior projecto.** Lisboa: Editorial Presença, 2016.

ROBBIN, Stephen. **Comportamento organizacional.** 9 ed. São Paulo: Prentice Hall, 2002.

VIERA, Paulo. **O poder da autorresponsabilidade:** a ferramenta comprovada que gera alta performance e resultados em pouco tempo. São Paulo: Editora Gente, 2017. 256 p.

CLEAR, James. **Hábitos atómicos.** Lisboa: Lua de Papel, 2019.